Inhaltsverzeichnis:

Lernwerkstatt „Vom Kokon zum Schnetterling" - Bestell-Nr. 10 657

Bedeutung der Symbole: Einzelarbeit EA Partnerarbeit PA GA Gruppenarbeit

KOHL VERLAG
www.kohlverlag.de

Einleitung

„Was die Raupe das Ende der Welt nennt, nennt der Rest der Welt Schmetterling." (Hao-Tse)

Junge Menschen nehmen ihre Umwelt oft bewusster wahr, als die Erwachsenen. Zu oft hetzen wir durch die Welt und haben keine offenen Augen für die wirklichen Schönheiten der Natur. Damit dies nicht schon unseren Kindern so ergeht, soll das vorliegende Arbeitsmaterial sie dazu sensibilisieren, mit offenen Augen durch unsere Welt und ihre bezaubernde Natur zu schreiten.

Gerade junge Menschen betrachten Schmetterlinge gern, denn sie sind zumeist von ihrer Schönheit fasziniert. Diese Begeisterung wird sogar noch gesteigert, wenn die Schüler sich näher mit dem Thema beschäftigen und das Wunder der Metamorphose* kennen lernen. Dabei haben sie natürlich stets den fertig entwickelten Schmetterling in ihrer vollen Pracht als Ziel vor Augen. Die vorliegenden Lernschritte sollen den Schüler aber auch im Besonderen auf die drei anderen Stadien der Entwicklung des Falters aufmerksam machen. Denn aus Unwissenheit werden gerade die Raupen in unseren Gärten oft als Schädlinge bekämpft.

Das vorliegende Material versucht den Schülern ein weit reichendes Interesse an den Schmetterlingen und der sie umgebenden Natur zu vermitteln. Dabei lässt es sich auf vielfältige Art und Weise einsetzen. Stationenlernen im Klassenzimmer ist beispielsweise gut durchzuführen. Die einzelnen Lernschritte bilden die Lernstationen. Diese können die Schüler ganz nach Belieben bearbeiten und die gesammelten Arbeitsblätter, Materialien und Ergebnisse zu einem eigenen Heft zusammenfügen. So hat am Ende jeder Schüler sein eigenes individuelles „Vom Kokon zum Schmetterling"-Buch, zu dem er vielleicht sogar ein eigenes persönlich gestaltetes Deckblatt entwerfen könnte. Optimal wäre es, wenn den Schülern verschiedene Tierlexika oder Fachliteratur zum Thema Schmetterlinge vorlägen. Genauso effizient und vielversprechend ist das Arbeiten im Internet!

Die einzelnen Stationen können natürlich nach Belieben gewählt und auf verschiedene Weise ergänzt werden. Zum Beispiel kann man eine reine Spielstation einrichten und dort schon ein von der Vorlage kopiertes und laminiertes Schmetterlingsmemory bereitlegen. Parallel zur Erarbeitung des Lernstoffes dieser Lernwerkstatt kann man mit den Schülern das beschriebene Raupenzuchtprojekt durchführen. Dabei wollen wir aus Tierschutzgründen aber nochmals betonen, dass die Raupen unbedingt regelmäßig (auch am Wochenende) mit frischem Futter usw. versorgt werden müssen. Außerdem sollte darauf geachtet werden, dass den Schmetterlingen ein artgerechtes Schlüpfen ermöglicht wird und man sie umgehend in die Freiheit entlässt!

Natürlich lässt sich diese Lernwerkstatt in viele einzelne Fachbereiche einbetten. So bieten sich im Musikunterricht zahlreiche Lieder dazu an. Oder man betrachte das Fach Kunst, in dem das Thema Schmetterlinge vielfältig umgesetzt werden kann. Viele verschiedene Techniken bieten sich hier für tolle Bilder an. Auch für den Deutschunterricht gibt es einiges zu entdecken. Von genau „Beobachten und Beschreiben" bis hin zu Gedichten und Geschichten hat das Thema Schmetterling viel zu bieten.

Das Wichtigste ist, in den Schülern ein bleibendes Interesse an unserer unvergleichlichen Natur zu wecken.

Viel Spaß dabei wünscht Ihnen Ihr Kohl-Verlagsteam.

*aus dem Griechischen: Umgestaltung, Verwandlung

Lernwerkstatt „Vom Kokon zum Schmetterling" - Bestell-Nr. 10 657 www.kohlverlag.de KOHL VERLAG

Liebe Schüler,

Schmetterlinge sind wunderbare Geschöpfe der Natur. Ihre Farbenpracht fasziniert uns Menschen. Aber das war nicht immer so.

Allein die Geschichte des Namens „Schmetterling" verdeutlicht, wie gefürchtet sie früher waren. Das Wort „Schmetter" entstammt von dem alten Wort *Schmetten*, mit dem früher der Rahm von Milch bezeichnet wurde, den die Frauen gerne in der Speisekammer aufbewahrten. Genau an diesem nahrhaften Leckerbissen machten sich die Schmetterlinge sehr gerne zu schaffen. Früher dachten die Frauen daher, diese Wesen seien verkleidete Hexen, die sie bestohlen. Man hatte Respekt vor den Schmetterlingen. In der englischen Sprache hatte das Wort „butter-fly" (heißt ins deutsche übersetzt ebenso Schmetterling) dieselbe Bedeutung.

Früher wussten die Menschen auch noch nicht, dass die Raupen und die Schmetterlinge zusammen gehören. Daher wurden die Raupen oft als Schädlinge bekämpft. So wie z.B. der Große Kohlweißling (eine verbreitete Schmetterlingsart), dessen Raupen mit ihrem enormen Hunger ganze Kohlernten vernichteten und damit die Menschen durchaus in Bedrängnis bringen konnten, denn der Kohl ist ja auch eine beliebte Nahrung von uns Menschen! Heute werden unsere Gärten nur noch vereinzelt zum Gemüseanbau genutzt, dadurch stellen die Raupen für uns keine Bedrohung mehr dar. Dennoch werden sie nach wie vor oft als Schädlinge eingestuft und vernichtet. Besonders Kinder finden das Aussehen einer Raupe „eklig", da sie noch nicht wissen, dass aus eben diesen Raupen später die wunderschönen Schmetterlinge entstehen.

Damit du nicht auch so über die Raupen urteilst, stellen wir dir hier ganz genau die Entwicklung vom Ei bis zum fertigen Falter vor. Denn Berührungsängste brauchst du bei diesen Tieren keine haben! Es kann ein absolut faszinierendes Erlebnis werden, wenn du diese Tiere auf dem Weg von der Raupe zum Falter aktiv begleitest und ihre Entwicklung genau verfolgst. Bei diesem Schmetterlingszucht-Projekt musst du aber aus Tierschutzgründen die Anleitung genau befolgen. Dieses faszinierende Naturschauspiel wird dich bestimmt aufmerksamer durch unsere Natur gehen lassen.

.....und los gehts!

KOHL VERLAG · Der Verlag mit dem Baum · www.kohlverlag.de · Lernwerkstatt „Vom Kokon zum Schnetterling" · Bestell-Nr. 10 657

I. Was ist ein Schmetterling?

Ganz bestimmt hast du auch schon einmal einen bunten Falter im Garten bewundert, der von Blüte zu Blüte wanderte. Das war ganz bestimmt einer unserer heimischen Schmetterlinge. Aber was ist eigentlich ein Schmetterling?
Die Schmetterlinge (Lepidoptera) gehören zu der **Gattung der Insekten**. Diese erkennt man daran, dass sie grundsätzlich **Flügel, sechs Beine** und einen **dreigliedrigen Körper** haben. Es gibt sehr viele unterschiedliche Arten auf der ganzen Welt. **In unserer Heimat** kennen wir ungefähr **4000 ver-**

Foto: Kleiner Fuchs

schiedene Schmetterlinge. Man nennt sie auch **„Schuppenflügler"**; das kommt daher, weil ihre meist bunten Flügel aus unzähligen winzigen Schuppen bestehen, die durch ihre Anordnung wunderschöne Muster entstehen lassen. Der deutsche Name „Schmetterling" kommt übrigens von dem mittelalterlichen Wort *Schmetten*. Damit bezeichnete man offenstehenden Milchrahm, von dem Schmetterlinge wie magisch angezogen werden.
Ein sehr auffälliges Merkmal an Schmetterlingen ist die **farbenfrohe Musterung der Flügel**. Manche Falter tragen auf ihren Flügeln eine riesige Zeichnung in Form eines Auges, um damit Vögel abzuschrecken, die sich von Schmetterlingen ernähren. Der Körper eines Schmetterlings ist **bis zu 7 cm lang** und hat eine **schmale, längliche Form**. Auf dem Körper sitzen **4 Flügel**.
Die **Flügel-Spannweite** der Schmetterlingsarten in Mitteleuropa beträgt höchstens **7 cm** (bei vollständig ausgebreiteten Flügeln). Manche Schmetterlingsarten sind so winzig wie ein Stecknadelkopf, die größten uns bekannten Schmetterlinge erreichen die unglaubliche Flügel-Spannweite von 32 cm (genannt Agrippina-Eule, kommt in Südamerika vor)!
Die Schmetterlinge teilt man in zwei Gruppen auf: Man unterscheidet **Tagfalter** und **Nachtfalter** (auch Nachtschwärmer genannt). Die Gruppe der Nachtfalter überwiegt deutlich. In Mitteleuropa sind von den 4000 verschiedenen Arten lediglich 190 Stück Tagfalter. Sie sind aktiv, wenn es hell ist. Der Rest ist (bis auf wenige Ausnahmen) nachtaktiv. Man kann die Tag- und Nachtfalter sehr gut voneinander unterscheiden, indem man ihre Flügelhaltung in der Ruhestellung und ihre Fühler am Kopf betrachtet. Die Tagfalter klappen, wenn sie auf einem Gegenstand ruhen, ihre Flügel nach oben hin zusammen. Die Flügel der Nachtfalter werden in Ruhestellung seitlich nach hinten angezogen und flach an den Körper gedrückt. Die Fühler unterscheiden sich ebenfalls. So findet man bei Tagfaltern dünne, glatte und fadenartige Fühler, die sich am Ende verdicken. Die Nachtfalter haben meist gefiederte, kammartige oder buschige Fühler.
Schmetterlinge haben **2 Facettenaugen**, die aus bis zu 30 000 einzelnen Linsen zusammengesetzt sind. Mit Hilfe dieser Augen können Schmetterlinge sehr gut Farben unterscheiden. Sie besitzen auch Gehörorgane zur Wahrnehmung von Ultraschall, welche sich an der Brust und am Hinterleib finden. Schmetterlinge haben **sehr gut ausgeprägte Sinnesorgane zur Wahrnehmung von Gerüchen**. Dies ist sehr wichtig bei der Suche nach geeigneter Nahrung.

Foto: Kohlweißling

Das faszinierendste am Schmetterling ist neben seiner bunten Erscheinung sicherlich seine **Verwandlung (Metamorphose)**. Denn bevor man ihn als bunten Falter im Garten bewundern kann, muss er während seiner Entwicklung 4 Stadien durchlaufen, in denen sich sein Körper jedesmal völlig verändert. Als Falter bezeichnet man ihn dann im Endstadium, in dem er Flügel hat und flattert. Auf die einzelnen Stadien der Verwandlung gehen wir in den nächsten Kapiteln näher ein!

Lernwerkstatt „Vom Kokon zum Schmetterling" - Bestell-Nr. 10 657

KOHL VERLAG
www.kohlverlag.de

EA

Aufgabe 1: *Schmetterlinge gehören zur Klasse der Insekten. Im Informationstext hast du erfahren, woran man Insekten erkennt. Schreibe die typischen Merkmale hier auf!*

✎ _____

_____

_____

EA

Aufgabe 2: *Beantworte die folgenden Fragen!*

a) Wie viele verschiedene Schmetterlingsarten gibt es bei uns?

_____

b) Wieso nennt man Schmetterlinge auch Schuppenflügler?

_____

_____

_____

c) Welche Sinnesorgane sind bei Schmetterlingen besonders gut ausgeprägt und warum?

_____

_____

_____

PA

Aufgabe 3: *In der englischen Sprache heißt der Schmetterling „butterfly". Dieser Name besteht aus den zwei Worten butter (= Butter) und fly (= fliegen). Die Namen Schmetterling und butterfly geben dir einen Hinweis auf etwas, das der Schmetterling besonders gerne mag. Was ist das, nach dem er benannt wurde? Erkläre es deinem Partner!*

Lernwerkstatt „Vom Kokon zum Schnetterling" - Bestell-Nr. 10 657

KOHL VERLAG
Der Verlag mit dem Baum
www.kohlverlag.de

Aufgabe 4: *Es gibt bis zu 160.000 verschiedene Schmetterlingsarten auf der Welt. Bei uns in Mitteleuropa unterscheidet man zwischen Tag- und Nachtfalter. Trage in der Tabelle die Unterscheidungsmerkmale ein!*

in Mitteleuropa	Tagfalter	Nachtfalter
Anzahl		
Aktivität		
Flügelhaltung in Ruhestellung		
Fühler		
bekannte Vertreter der Gattung	Zitronenfalter Kohlweißling	Schwammspinner

Aufgabe 5: *Lest gemeinsam den Informationstext des 1. Kapitels durch und macht euch Stichpunkte über das Aussehen eines Schmetterlings. Versucht ihn so zu beschreiben, als hätte der Leser noch nie einen Schmetterling gesehen!*

Aufgabe 6: *Welche Sinnesorgane (sehen, hören, riechen, schmecken, tasten) besitzt ein Schmetterling?*

_____

_____

_____

_____

Lernwerkstatt „Vom Kokon zum Schnetterling" - Bestell-Nr. 10 657

KOHL VERLAG
Der Verlag mit dem Baum
www.kohlverlag.de

II.   Lebenszyklus (Metamorphose)

Schon immer sind die Menschen fasziniert von der Verwandlung (Metamorphose) einer Raupe in einen wunderschönen Schmetterling. Das Verpuppen und Schlüpfen des Schmetterlings aus dem nach außen hin monatelang leblos wirkenden Kokon führte in der Antike dazu, dass er als Sinnbild der Wiedergeburt und Unsterblichkeit bewundert wurde und bis heute das Symbol der Auferstehung geblieben ist.

Schmetterlinge müssen, bis sie als wunderschöner Falter durch unsere Gärten flattern, erst einmal **4 unterschiedliche Entwicklungsabschnitte (Zyklen)** durchlaufen. Man unterscheidet zwischen folgenden Stadien: **Ei, Raupe, Puppe und Falter**. Der gesamte Ablauf der Entwicklung vom Ei bis zum fertigen Falter wird Metamorphose genannt.

Im Frühsommer kommt es zur Paarung des Männchens mit dem Schmetterlingsweibchen. Etwa eine Woche nach der Paarung legt das Weibchen seine Eier ab. Die Ablagestelle ist meist so gewählt, dass die später aus dem Ei schlüpfende Raupe sofort Nahrung findet. Nach der **Eiablage** beginnt der **erste Zyklus**, er dauert zwischen **1 bis 4 Wochen** (je wärmer, desto kürzer). Dann schlüpft aus dem Ei eine kleine Raupe.

Ist die **Raupe geschlüpft**, beginnt der **zweite Abschnitt**. Die junge Raupe beginnt, kaum geschlüpft, sofort damit, große Mengen Blätter zu vertilgen. Dabei **frisst sie täglich ein Mehrfaches ihres eigenen Körpergewichtes** und beginnt schnell zu wachsen. Die Haut der Raupe kann mit dem rasanten Wachstum allerdings nicht mithalten, da sie ein unelastischer Schuppenpanzer ist. Dieses Problem löst die Raupe,

indem sie sich **mehrmals häutet**. Das heißt, sie schlüpft aus ihrer alten Haut heraus, die durch den enormen Druck von innen langsam aufplatzt und nach hinten abgestreift wird. Darunter hat sich schon eine neue junge Haut gebildet, die schnell hart wird und so den Schutz wieder herstellt. Das **Raupenstadium** dauert (je nach Witterung) **4 bis 8 Wochen**. Jetzt ist sie groß genug gewachsen. Sie sucht ein Plätzchen, um sich zu verpuppen.

Der **dritte Entwicklungszyklus** beginnt. Die Raupe verkriecht sich unter Laub, Moos, loser Erde oder an ein Blatt in einem Baum. Dort hängt sie still und wartet darauf, dass sich die Puppenhaut unter ihrer letzten Hautschicht gebildet hat. Ist dies geschehen, häutet sie sich ein letztes Mal. Die Puppenhaut kommt zum Vorschein. Manche Raupenarten haben ihren Körper vor der Verpuppung noch mit einer Art Faden sorgfältig umwickelt, den sie aus ihrem Speichel gebildet haben. An der Luft verklebt er sich schnell und wird hart. Die entstandene Schutzhülle ist ein guter Schutz vor Feinden, man nennt sie **Kokon**. In diesem Kokon findet eine spannende Umwandlung statt. Die Organe der Raupe verändern sich in neue Organe mit neuen Aufgaben oder lösen sich sogar vollständig auf! So wird zum Beispiel aus den Kiefern der Raupe ein Rüssel, es wachsen die Facettenaugen heran, und aus den kurzen Stummelbeinen entstehen die langen Beine der Schmetterlinge. Flügel entstehen, nach und nach bildet sich der Körper des Schmetterlings heraus. Dieses Stadium dauert in der Regel **1 bis 4 Wochen**. Dann ist der Zeitpunkt für den **letzten Lebenszyklus** gekommen. Sobald die Entwicklung des Schmetterlings in dem Kokon abgeschlossen ist, platzt die Hülle plötzlich auf, und zum Vorschein kommt der frisch entwickelte **Falter**. Jetzt muss er noch die zerknitterten Flügel entfalten, damit sie trocknen und härten können. Erst dann kann der neue Schmetterling schließlich seinen ersten Flug wagen. Jetzt wird er noch durchschnittlich **2 bis 3 Wochen** In der Zeit paart er sich, legt die befruchteten Eier ab und eine neue Schmetterlingsgeneration reift heran.

Lernwerkstatt   „Vom Kokon zum Schmetterling"   -   Bestell-Nr. 10 657

KOHL VERLAG
Der Verlag mit dem Baum
www.kohlverlag.de

II. Lebenszyklus (Metamorphose)

EA

Aufgabe 1: *Fülle den Lebenszyklus des Schmetterlings aus. Setze die folgenden Wörter in die Lücken ein und male Bilder des jeweiligen Stadiums in die Kästchen!*

Raupe (2x) - verpuppen - Blatt - Eier - Blätter - Schmetterling (2x) - vier (2x) - Verwandlung - Ei - vier - Nahrung - Körpergewichtes - Kokon - Wochen - Entwicklungsabschnitte - häutet - Puppe

a) 🖉 Das sind die _____ unterschiedlichen _____ des Schmetterlings. Die _____ nennt man auch Metamorphose.

b)

Nach dem _____ an einem _____ oder Stängel schlüpft aus der Schutzhülle (_____) ein fertiger _____. Das dauert ca. 1 bis 4 Wochen.

c) Dieser Lebenszyklus dauert ungefähr 2 bis 3 Wochen. Der fertige Schmetterling wird etwa eine Woche nach der Paarung die _____ ablegen.

f) _____

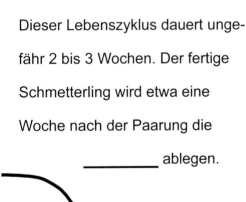

i) _____

d)

Die Raupe frisst jede Menge _____, ein Mehrfaches ihres eigenen _____. Sie _____ sich mehrmals, da die Haut nicht mitwächst. Dieses Stadium der Entwicklung dauert zwischen _____ bis acht _____.

h) _____

g) _____

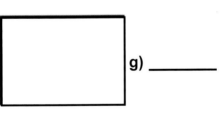

e)

1 bis 3 Wochen später schlüpft aus dem _____ die kleine _____, die auf ihrer Pflanze auch sofort _____ findet.

Lernwerkstatt „Vom Kokon zum Schnetterling" - Bestell-Nr. 10 657

KOHL VERLAG
www.kohlverlag.de

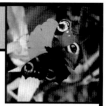

PA

Aufgabe 2: *Versucht euch nochmals gegenseitig zu erklären, warum der Schmetterling früher oft als Symbol der Auferstehung betrachtet wurde. Der Informationstext wird euch helfen!*

EA

Aufgabe 3: *Schreibe auf, wie lange jeder Lebenszyklus dauert. Wie lange dauert dann ungefähr das Leben eines Schmetterlings, wenn du alle Zyklen zusammenrechnest?*

a) Der Lebenszyklus als Ei dauert _____ bis _____.

b) Der Lebenszyklus als Raupe dauert _____ bis _____.

c) Der Lebenszyklus als Puppe dauert _____ bis _____.

d) Der Lebenszyklus als Falter dauert _____ bis _____.

e) Der gesamte Lebenszyklus dauert _____ **bis** _____.

EA

Aufgabe 4: *Beschreibe den dritten Lebenszyklus, wenn die Raupe zur Puppe wird!*

_____

_____

_____

_____

_____

_____

_____

Lernwerkstatt „Vom Kokon zum Schnetterling" - Bestell-Nr. 10 657

KOHL VERLAG
www.kohlverlag.de

III.   Das Ei

Im Frühsommer ist die Paarungszeit der meisten heimischen Schmetterlingsarten. In dieser Zeit suchen sie sich potentielle Partner. Die Suche gestaltet sich manchmal recht schwierig, denn oft sind Männchen und Weibchen sehr weit voneinander entfernt. Bei ihrer Suche nach einem Partner sind ihnen ihre ausgesprochen gut entwickelten Riechorgane sehr hilfreich. Die Weibchen strömen Duftstoffe aus, die die Männchen auf sie aufmerksam machen sollen. Diese Stoffe werden durch den Wind verteilt und können von den Männchen sogar noch in großer Entfernung wahrgenommen werden. Manche Arten belegen auch Aussichtsplätze und lauern ihren Partnerinnen auf. Anhand der typischen Flugbewegungen und dem individuellen Lockstoff erkennen sich die Schmetterlingsarten gegenseitig. Im Balzflug (die Balz ist das Flirtverhalten bei Vögeln und manchen Insektenarten) wirbt das Männchen um das Weibchen. Bei der Paarung, die lange Stunden dauern kann, werden die Eier im Körper des Weibchens befruchtet. Während der Paarung bleiben die Schmetterlinge weiterhin flugbereit, damit sie selbst in diesem ungeschützten Zustand eventuell auftauchenden Feinden entfliehen können.

Eiablage

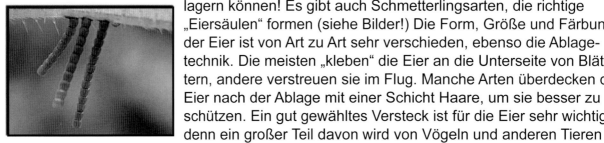

Nach der erfolgreichen Paarung sucht das Schmetterlingsweibchen eine geeignete Stelle zum Ablegen der frisch befruchteten Eier. Das sind meistens die Nahrungspflanzen, von denen sich später die geschlüpften Raupen ernähren werden (z. B. Brennnesseln, Disteln, Kräuter, Kohl usw.). Dort werden die Eier an der Unterseite von Blättern so abgelegt, dass sie vor Sonne und Regen geschützt sind. Manche Schmetterlingsarten legen einzelne Eier ab, andere bilden einen großen Eierhaufen, in dem bis zu 400 Eier lagern können! Es gibt auch Schmetterlingsarten, die richtige „Eiersäulen" formen (siehe Bilder!) Die Form, Größe und Färbung der Eier ist von Art zu Art sehr verschieden, ebenso die Ablagetechnik. Die meisten „kleben" die Eier an die Unterseite von Blättern, andere verstreuen sie im Flug. Manche Arten überdecken die Eier nach der Ablage mit einer Schicht Haare, um sie besser zu schützen. Ein gut gewähltes Versteck ist für die Eier sehr wichtig, denn ein großer Teil davon wird von Vögeln und anderen Tieren gefunden und verspeist. Manche Arten legen ihre Eier sogar im Spätsommer oder Herbst ab, kurz bevor der Winter kommt. In dem Fall wird die Entwicklung der Eier gestoppt, sie überwintern in diesem Stadium. Sobald es im Frühling wärmer wird, setzt die Entwicklung dann wieder ein. Eine sehr interessante Art, über den Winter zu kommen!

Die Schmetterlingseier der einzelnen Arten unterscheiden sich sehr in Größe und Form. Sie sind 1 bis 4 mm groß. Ihre Form reicht von kugelrund bis flach, manche sind prall, andere glänzend. Das Reifen des Eis, bis es zum Schlüpfen der Raupe kommt, dauert bei den meisten Schmetterlingsarten zwischen 1 bis 3 Wochen. Es gibt allerdings auch Schmetterlingseier, die zwei Jahre lang liegen, bis sie sich schließlich zu entwickeln beginnen. Irgendwann ist es dann soweit: Kurz vor dem Schlüpfen der Raupe verfärbt sich das Ei. Dann platzt es plötzlich auf, und die junge Raupe verlässt ihre Brutstätte.Sie ist etwa 8 mm groß und beginnt sofort zu fressen. Nun beginnt der 2. Zyklus in der Metamorphose vom Ei bis zum fertigen Falter.

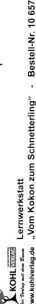

Lernwerkstatt „Vom Kokon zum Schnetterling" - Bestell-Nr. 10 657

KOHL VERLAG
Der Verlag mit dem Baum
www.kohlverlag.de

Aufgabe 1: *Die Suche nach einem Schmetterlingspartner kann manchmal recht schwierig sein, da diese oft weit voneinander entfernt sind. Beschreibe, wie sie dieses Problem lösen und welche Mittel sie anwenden, um einen Partner zu finden!*

EA

_____

_____

_____

_____

_____

_____

_____

Aufgabe 2: *Was ist der Balzflug?*

EA

_____

_____

Aufgabe 3: *Kreuze die richtigen Aussagen an!* ☒ **richtig**

EA

a) ☐ Das Weibchen legt seine Eier immer in Erdlöchern ab.

b) ☐ Die Eier befinden sich meistens an den jeweiligen Nahrungspflanzen, die die geschlüpften Raupen später als Nahrungsquelle brauchen.

c) ☐ Die Eier werden auf der Sonnenseite der Blätter abgelegt, damit sie es schön warm haben und gut beschienen werden können.

d) ☐ Es gibt Schmetterlingsarten, die richtige „Eiersäulen" formen.

e) ☐ Jede Schmetterlingsart hat seine eigene Eiform.

f) ☐ Die Eier werden nicht versteckt, da sie keine Feinde haben.

g) ☐ Manche Arten überwintern, indem sie erst im Spätsommer ihre Eier ablegen, aus denen erst im nächsten Jahr Raupen schlüpfen.

h) ☐ Schmetterlingseier werden bis zu 5 cm groß.

i) ☐ Das Ei verfärbt sich kurz vor dem Schlüpfen der Raupe.

Lernwerkstatt „Vom Kokon zum Schnetterling" - Bestell-Nr. 10 657

KOHL VERLAG Der Verlag mit dem Baum www.kohlverlag.de

IV. Die Raupe

Hast du schon einmal eine kleine Raupe im Garten gesehen? Unermüdlich frisst sie sich durch den grünen Blätterwald in der Hoffnung, nicht von einem Vogel entdeckt und gefressen zu werden! Die Raupe ist das 2. Stadium im Lebenszyklus eines Schmetterlings.

Eine frisch aus dem Ei geschlüpfte Raupe ist nur **ein paar Millimeter groß**. Ihr **Körper** ist (wie bei dem später aus ihr entstehenden Falter auch) **dreigeteilt**. Er besteht aus Kopf, Brust und Hinterleib und ist in **13 ringförmige Abschnitte** (Segmente) aufgeteilt. An der Brust sitzen meistens 3 Beinpaare, weiter hinten 4 Bauchbeinpaare. Ganz am Ende sitzt der sogenannte „Nachschieber", ein weiteres Beinpaar, das hauptsächlich zum Festhalten dient. Sie hat ganz kleine, unscheinbare Augen und zwei kräftige Kiefer, mit denen sie ihre Nahrung zerkleinert. Das Aussehen der verschiedenen Raupenarten ist sehr unterschiedlich! Sie sind bunt oder einfarbig, mit Punkten oder Streifen, glatt, mit Borsten, Haaren oder Dornen. Viele Raupen versuchen, sich vor ihren Feinden (und das sind nicht wenige!) zu schützen, indem sie verschiedene **Tarnmuster** auf der Außenhaut haben, die der Umgebung gleichen oder wie ein großes Auge aussehen, das auf Vögel abschreckend wirkt. Andere besitzen spitze, giftige Stacheln, die Feinde fernhalten sollen. Das hilft jedoch nicht allzu viel, denn unzählige Räuber warten nach dem Schlüpfen der Raupe nur darauf, sie zu fressen. Ihre **Feinde sind Käfer, Wespen, Spinnen und natürlich die Vögel**, die unermüdlich jedes Blatt eines Baumes absuchen, um diesen Leckerbissen zu erhaschen. Eine frisch geschlüpfte Raupe hat sofort großen „Appetit". Da die Eiablagestelle meist so gewählt ist, dass die Raupe nach dem Schlüpfen sofort auf die für sie geeignete Nahrung stößt, kann sie direkt damit beginnen, unermüdlich zu fressen. Das muss sie auch, sonst verhungert sie oder sie wird sich nicht schnell genug entwickeln. Im Laufe der nächsten Wochen wird ihr Körper um ein vielfaches (im Extremfall bei manchen Arten bis zu 1000fach!) größer als zum Zeitpunkt des Schlüpfens. Die meisten Raupen sind **nach 4 bis 8 Wochen erwachsen**. Manche ziehen sich aber auch im Herbst zurück und überwintern, um im Frühling weiterzufressen. Es gibt sogar Schmetterlingsarten, bei denen das Raupenstadium mehrere Jahre dauert!

Die Nahrung der Raupen der verschiedenen Schmetterlingsarten sind sehr unterschiedlich. Es werden hauptsächlich **Brennnesseln, Kräuter, Gräser und Gartenpflanzen** (z. B. Salatköpfe) vertilgt. Manche Raupenarten ernähren sich von verschiedenen Pflanzen, andere benötigen ganz spezielle Nahrungsquellen, ohne die sie verhungern müssen. Leider werden Raupen von uns Menschen oft als Schädlinge bekämpft (z. B. wenn sie den Obstgarten als Nahrungsquelle ausgesucht haben...). Außerdem wird ihr Lebensraum zunehmend aus unseren Gärten verdrängt, da wir dazu neigen, viele ihrer Nahrungsquellen als „Unkraut" zu vernichten. Dadurch können wir den schließlich vollentwickelten Falter immer seltener bewundern, denn Schmetterlinge halten sich nur dort auf, wo es auch genügend Nahrung für ihre Art gibt.

Weil eine Raupe in kurzer Zeit sehr viel Nahrung aufnimmt, wächst sie recht schnell. Ihre äußere Hautschicht wächst allerdings nicht mit. Deswegen muss sie sich in regelmäßigen Abständen von ihr trennen. Diesen Vorgang nennt man **„Häutung"**. Dabei platzt die äußere Hülle auf und wird langsam nach unten hin abgestreift. Nur so kann der Körper der Raupe sich weiter ausdehnen. Unter der abgestreiften Haut hat sich bereits eine neue gebildet. Sie ist zunächst noch weich, wird aber schnell genauso hart wie die eben abgestreifte. Bis die Raupe ausge-

wachsen ist, wird sie sich etliche Male ihrer alten Haut entledigen. Irgendwann ist die Raupe schließlich ausgewachsen. Ihre **Körpergröße** beträgt jetzt zwischen **3 und 6 Zentimeter**. Die Außenhaut verändert ihre Farbe, sie wird deutlich dunkler. Die Raupe hört auf zu fressen und begibt sich auf die Suche nach einer geeigneten Stelle, an der sie sich verpuppen wird. Der nächste Abschnitt im Lebenszyklus des Schmetterlings steht unmittelbar bevor.

Lernwerkstatt „Vom Kokon zum Schnetterling" - Bestell-Nr. 10 657
KOHL VERLAG
Der Verlag mit dem Baum
www.kohlverlag.de

IV.   Die Raupe

Aufgabe 1: *Fertige einen Steckbrief der Raupe an! Zeichne nach*
deiner Beschreibung ein Bild in den Kasten!

EA

> **Selbstgemaltes**
> **Bild einsetzen**
>
> ✎ **Name:** _____
>
> **Größe:** _____
>
> **Körper/**
> **Aussehen:** _____
> _____
>
> **Beine:** _____
> _____
>
> **Feinde:** _____
>
> **Nahrung:** _____
>
> **Lebenszeit:** _____

Aufgabe 2: *Erkläre, warum einzelne Schmetterlingsraupen Tarnmuster*
auf der Haut haben!

EA

✎

_____

_____

_____

_____

Aufgabe 3: *Beschreibt zu zweit einen Tag im Leben der „Kleinen Raupe*
Nimmersatt". Denkt dabei an ihren Hunger und welche Aben-
teuer und Gefahren sie erleben könnte. Schreibt in eure Hefte!

PA

Lernwerkstatt „Vom Kokon zum Schnetterling" - Bestell-Nr. 10 657

KOHL VERLAG
www.kohlverlag.de

Aufgabe 4: • *Fülle die Lücken und füge die Begriffe in das Kreuzworträtsel ein!*
• *Sortiere die grau unterlegten Buchstaben zu einem Lösungswort!*

EA

a) Menschen bekämpfen Raupen oft als _____ .

b) Ihre Lebensquellen in unseren Gärten werden oft als _____ bekämpft.

c) Wenn die Raupen fressen und größer werden, wird ihnen ihre _____ zu eng.

d) Die äußere Hülle platzt auf und die Haut wird nach hinten hin abgestreift.

   Diesen Vorgang nennt man _____ .

e) Raupen _____ unermüdlich.

f) Sie hoffen, dabei nicht von einem _____ entdeckt zu werden.

g) Im Laufe des Lebens der Raupe wächst sie bis zu einem _____ -fachen ihrer Körpergröße.

h) Ist die Raupe groß genug, um sich zu verpuppen, misst sie zwischen

   3 und 6 _____ .

i) Manche Raupen ziehen sich auch im _____ zurück, um zu überwintern.

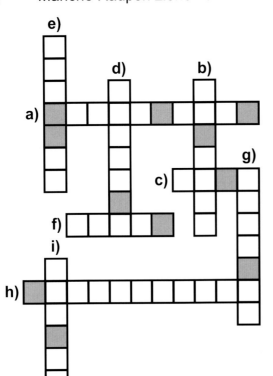

Lösungswort:

						Y			

Lernwerkstatt „Vom Kokon zum Schnetterling" - Bestell-Nr. 10 657

KOHL VERLAG
www.kohlverlag.de

V. Die Puppe

Bist du schon einmal im Garten oder auf dem Feld einem sogenannten Kokon begegnet? Vielen Menschen erscheint es unerklärlich, wie die Wandlung der Raupe zum Falter innerhalb dieser Hülle stattfindet. Aber was ist überhaupt die Verpuppung und was geschieht dabei?

Bei einer erwachsenen Raupe hört der große Appetit auf. Sie ist jetzt bereit, den nächsten Entwicklungszyklus einzuleiten. Sie frisst nichts mehr, läuft unruhig hin und her und sucht ein gutes, sicheres Plätzchen, um sich zu verpuppen. Hat sie ihren Platz gefunden (dieser ist meistens an Zweigen, Stängeln, Blättern, bei manchen Arten auch unter Laub, Moos oder in loser Erde), verharrt sie dort bewegungslos und wartet darauf, dass sich die zur Verpuppung nötige **Puppenhaut** unter ihrer letzten Hautschicht gebildet hat. Man unterscheidet bei den Schmetterlingsarten drei Verpuppungstypen. Die **Gürtelpuppen** (typischer Vertreter: „Kohlweißlinge") binden sich regelrecht senkrecht an einen Stängel oder Zweig, während die **Stürzpuppen** (Beispiel: „Kleiner Fuchs") sich nur mit dem Hinterteil an dem Zweig oder Stängel befestigen und den Rest frei baumeln lassen. Der dritte Verpuppungstyp sind die **Mumienpuppen**, welche sich einspinnen und am Boden oder sogar in der Erde verpuppen.

Manche Raupen umwickeln ihren Körper vor der Verpuppung sorgfältig mit einem Faden, den sie aus ihrem Speichel gebildet und das Ende am Stängel, Zweig usw. befestigt haben. Die so entstehende Hülle wird schnell hart und bietet zusätzlichen Schutz. **Bei der Verpuppung häutet sich die Raupe ein letztes Mal**. Die Haut fällt nach unten hin ab und zum Vorschein kommt die Puppenhaut, anfangs noch weich, aber schnell härter werdend. **Diese Puppenhaut nennt man Kokon**. Die Verwandlung in das Puppenstadium dauert nur **wenige Minuten**. Ist sie abgeschlossen, beginnt der 3. Abschitt der Metamorphose zum Schmetterling.

In diesem **Kokon** spielt sich nun Erstaunliches ab! Sämtliche Organe der Raupe werden umgeformt oder ganz aufgelöst. So bilden sich die Mundwerkzeuge, mit denen die Raupe unermüdlich Nahrung aufgenommen und zerkleinert hatte, fast ganz zurück. Die kurzen Füßchen beginnen zu wachsen und werden durch lange, kräftige Beine ersetzt. Am Kopf wachsen die großen Facettenaugen, die es dem später fertig entwickelten Falter ermöglichen werden, Farben so gut zu unterscheiden. Ebenso entwickeln sich jetzt die außerordentlich guten Riechorgane und die langen Fühler am Kopf. Auch die Geschlechtsorgane dürfen natürlich nicht fehlen, denn nur mit Hilfe dieser Körperteile wird es dem späteren Falter möglich sein, seine wichtigste Aufgabe im Leben zu erledigen: Die Fortpflanzung. Schließlich wachsen auf dem Rücken noch die beiden bunten Flügelpaare.

Nach etwa **2 bis 4 Wochen** ist die Umbildung des Raupenkörpers in einen Falter abgeschlossen. Der Kokon platzt jetzt auf, zum Vorschein kommen zuerst Kopf und Beine, später auch die Flügel und der Rest des Körpers. Die Flügel sind noch weich und zerknittert. Jetzt muss der Falter die Flügel ausbreiten und Blut hineindrücken. Dadurch spannen sie sich auf und werden durch die Luft getrocknet. Dieser Vorgang dauert einige Stunden, dann jedoch sind die Flügel hart getrocknet und einsatzbereit. Der letzte Abschitt im Lebenszyklus des Schmetterlings hat begonnen. Der frisch „gebackene" Falter hebt ab und begibt sich auf Nahrungssuche.

Lernwerkstatt „Vom Kokon zum Schnetterling" - Bestell-Nr. 10 657

1. Kurz vor der Verpuppung.

2. Die Haut wird abgestreift.

3. Fast fertige Verpuppung.

4. Verpuppung ist vollendet.

KOHL VERLAG
Der Verlag mit dem Baum
www.kohlverlag.de

V. Die Puppe

Aufgabe 1: *Beantworte die folgenden Fragen!*

EA

a) Wie zeigt sich bei einer Raupe, dass sie bereit ist, sich zu verpuppen?

_____

_____

b) Wo verpuppen sich die Raupen? Bedenke, dass die unterschiedlichen Raupenarten verschiedene Orte zur Verpuppung wählen!

_____

_____

Aufgabe 2: *Welche 3 verschiedenen Verpuppungsarten gibt es?*
Erstellt zu zweit eine Übersicht! Schreibt in eure Hefte!

PA

Aufgabe 3: *Verbinde die zusammengehörenden Satzteile!*

EA

Im Kokon werden die Organe der Raupe	1	A	fast vollständig zurückgebildet.
Auf dem Rücken wachsen	2	B	die langen, schlanken Beine.
Die Mundwerkzeuge werden	3	C	umgeformt oder ganz aufgelöst.
Aus den Füßchen werden	4	D	die beiden Flügelpaare.

Aufgabe 4: *Schließt euch in kleinen Gruppen zusammen und erstellt ein Wandplakat mit den wichtigsten Informationen zu dem Puppenstadium des Schmetterlings. Untergliedert dabei eure Übersicht in folgende Punkte:*
1. Die Raupe verpuppt sich; 2. Im Inneren des Kokons;
3. Aus dem Kokon

 KOHL VERLAG — Lernwerkstatt „Vom Kokon zum Schnetterling" - Bestell-Nr. 10 657 — www.kohlverlag.de

VI. Der Falter

In der Puppenhülle (Kokon) wartet der junge Falter darauf, dass er fertig entwickelt ist und die tote Hülle endlich verlassen kann. Dann ist es plötzlich soweit. Der Kokon platzt an einer Stelle auf und zum Vorschein kommt nach und nach der junge Falter. Sein Körper ist noch **feucht, die Flügel klein und faltig**. Die ersten Schritte des „neugeborenen" Falters sind vorsichtig und unsicher, denn ihm fehlt noch eine ganz wichtige Voraussetzung, um die Entwicklung zum Falter abzuschließen: Die Flügel müssen sich entfalten und härten. Dies erreicht er dadurch, dass er die noch zerknitterten **Flügelpaare ausbreitet und Blut hineindrückt**. Dieser Vorgang dauert 1 bis 2 Stunden. Währenddessen wandert das Blut Stück für Stück bis in die letzten Winkel der Flügel und breitet sie vollständig aus. Die Luft trocknet die anfangs feuchte Flügelhaut. Sie werden nach und nach hart und steif. Erst wenn die Flügel vollständig getrocknet und gehärtet sind, kann der Falter zu seinem ersten Flug starten. Dann ist die **Metamorphose des Schmetterlings zum voll entwickelten Falter endlich abgeschlossen**.

Der neue Falter hebt ab und beginnt zu flattern. Sein vierter und letzter Teil im Lebenszyklus hat begonnen. Die meisten Falterarten begeben sich jetzt sofort auf Nahrungssuche. Es gibt aber auch Arten, deren Leben jetzt lediglich so kurz ist, dass die Zeit nur zur Fortpflanzung genutzt wird. Diese Falterarten fressen in der kurzen Zeit gar nichts! Die einzelnen Falterarten haben ganz unterschiedliche Nahrungsquellen. Sehr viele ernähren sich durch den **Nektar verschiedener Pflanzen**, andere leben von verdorbenem **Obst, Schlamm, Schweiß** oder sogar von Blut oder Kot. Nur ein kleiner Teil der in unserer Heimat lebenden Schmetterlingsarten ist tagsüber auf Nahrungssuche. Die meisten tun dies in der Dämmerung und in der Nacht.

Wie sehen fertig entwickelte Falter eigentlich aus? Der **Körper ist dreigeteilt in Kopf, Brust und Hinterleib**. Auf dem Kopf sitzen die **Fühler**, mit denen der Falter Gerüche wahrnehmen kann. Ebenso ein **Saugrüssel**, den der Falter tief in die Blüten von Pflanzen abrollen kann, um an den süßen Nektar zu gelangen. Und natürlich die zwei großen **Facettenaugen**, die aus mehreren hundert einzelnen Augen zusammengesetzt sind. Diese ermöglichen dem Falter die farbliche Unterscheidung seiner Umwelt und gutes räumliches Sehen (besonders wichtig zur rechtzeitigen Wahrnehmung von Feinden). An der **Brust** des Falters sitzen **sechs Beine** und die beiden **Flügelpaare**. Jedes Flügelpaar besteht aus einem **Vorder- und einem Hinterflügel**. Diese sind **mit unzähligen kleinen Schuppen überzogen**. Deswegen wird der Schmetterling auch **„Schuppenflügler"** genannt. Die Schuppen liegen dachziegelartig übereinander und geben durch ihre Farben dem Falter sein typisches Aussehen. Der **Hinterleib** ist das größte aller drei Körperteile. Dort befinden sich die **Verdauungs- und Fortpflanzungsorgane**. Schmecken kann der Falter übrigens mit seinen Fußenden, denn dort befinden sich Geschmackszellen! So stellt er sehr schnell fest, ob die ausgewählte Pflanze auch die richtige ist. Alle drei Teile des Schmetterlingskörpers sind umgeben von einem Panzer abgestorbener Schuppen. Man nennt ihn auch **„Chitinpanzer"**. Falter haben kein Herz. Ihr Blut zirkuliert in einem offenen Blut-Kreislauf-System.

Die Lebensdauer von Faltern ist sehr unterschiedlich. Einige Arten leben nur wenige Tage, andere bis zu einigen Monaten. Es gibt in unserer Heimat sogar Schmetterlinge, die überwintern! Das „Pfauenauge" zieht sich im Herbst auf Dachböden, in Kellern, hohlen Baumstämmen und ähnlichen Orten zurück und fällt in die Winterstarre (Schmetterlinge sind wechselwarme Tiere). Kaum zu glauben, aber es gibt sogar „Wanderfalter" unter den Schmetterlingen! Der Admiral z.B. fliegt im Winter in das warme Südeuropa, im Frühjahr kehrt er zurück nach Mitteleuropa. Schmetterlinge haben eigentlich nur ein wichtiges Lebensziel: Die Fortpflanzung zur Arterhaltung. Wurde sie erreicht, sterben die meisten Arten. Sie haben ihren Teil zur Arterhaltung beigetragen und mit den frisch gelegten Eiern beginnt der ganze Kreislauf einer neuen Schmetterlingsgeneration von vorn.

Lernwerkstatt „Vom Kokon zum Schnetterling" - Bestell-Nr. 10 657
KOHL VERLAG
www.kohlverlag.de

VI.   Der Falter

Aufgabe 1:   *Fülle den Lückentext mit folgenden Wörtern!*

faltig - Schmetterling - Blut - Kokon - Luft - hart -
feucht - Flügelpaare - Flug - unsicher - Körper

Das Schlüpfen des Schmetterlingsfalters

Wenn der _____ aufplatzt, ist der _____ noch _____ ,

die Flügel sind noch klein und _____ . Der Falter ist noch _____ ,

da die _____ zuerst mit _____ gefüllt und an der _____

getrocknet werden müssen. Sie werden an der Luft _____ und der fertige

_____ kann zu seinem ersten _____ starten.

Aufgabe 2:   *Was unterscheidet den Schmetterling z.B. von allen
Säugetieren und uns Menschen? Kleine Hilfe: Es geht
um etwas, ohne das wir nicht leben könnten!*

_____

_____

Aufgabe 3:   *Beantworte die folgenden Fragen!*

a)   Was ist ein Wanderfalter?

_____

_____

b)   Wie lange leben Schmetterlinge?

_____

c)   Was macht das Pfauenauge (heimische Schmetterlingsart) im Winter?

_____

d)   Was ist das wichtigste
Lebensziel des Schmetterlings? _____

Lernwerkstatt „Vom Kokon zum Schmetterling" - Bestell-Nr. 10 657

KOHL VERLAG
www.kohlverlag.de

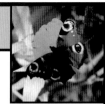

Aufgabe 4: *Setze folgende*
Begriffe in die Grafik ein!

EA

Vorderflügel - Brust - Hinterleib
- Beine - Fühler - Hinterflügel
- Kopf - Facettenaugen

Der Körperbau eines Schmetterlings

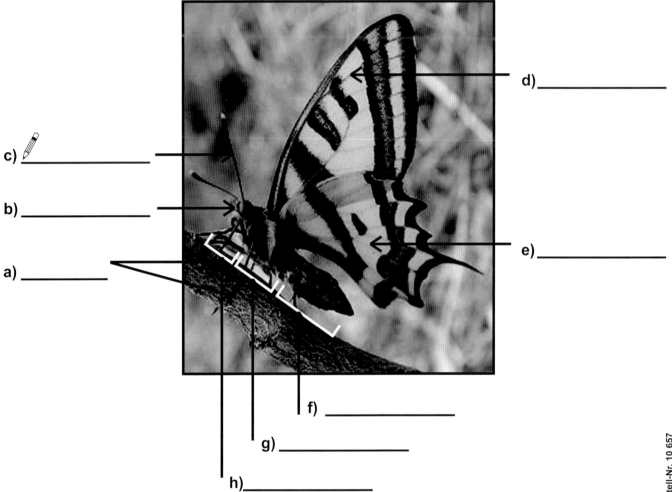

c) _____

b) _____

a) _____

d) _____

e) _____

f) _____

g) _____

h) _____

Aufgabe 5: *Verbinde die folgenden Sinne mit den richtigen Körperteilen!*

EA

riechen		Facettenaugen
schmecken		Fühler
farblich sehen		Füße

Lernwerkstatt „Vom Kokon zum Schmetterling" - Bestell-Nr. 10 657
KOHL VERLAG
www.kohlverlag.de

Name: Tagpfauenauge (Tagfalter), *gehört zur Gruppe der „Edelfalter"*

Lebensraum: Diese farbenfrohe Schmetterlingsart kommt besonders in blütenreicher, ländlicher Natur vor. Er ist einer der verbreitetsten Falterarten in unserer Heimat.

Aussehen: Die unverwechselbare äußere Erscheinung des Tagpfauenauges entsteht durch die rotbraune Grundfarbe in Verbindung mit dem schwarz, blau und gelb gefärbten Augenfleck. Die Unterseite der Flügel ist schwarz.

Größe: Die Flügel erreichen eine Spannweite von bis zu 6 Zentimetern.

Nahrung: Das Tagpfauenauge ernährt sich von dem Nektar verschiedener Blüten oder von dem Saft der Distel (Unkraut).

Raupe: Etwa eine Woche nach der Eiablage schlüpfen die anfangs gerne gesellig lebenden Raupen. Sie sind schwarz mit gleichmäßig verstreuten silbrigen Punkten und haben dornige Borsten.

Futterpflanzen der Raupe: Brennnesseln, Hopfen, Johannis- und Brombeere

Name: Admiral (Tagfalter), *gehört zur Gruppe der „Edelfalter"*

Lebensraum: Der Admiral ist eine sehr verbreitete und besonders in blütenreicher Umgebung häufig anzutreffende Schmetterlingsart. Er ist ein „Wanderfalter", d.h. er überwintert weitgehend in wärmeren, südlicheren Gebieten. Ein Teil der Schmetterlinge überwintert aber sogar an geschützten Orten in unserer Heimat!

Aussehen: Seine Flügel sind samtschwarz, auf den Vorderflügeln werden die Spitzen orangerot abgegrenzt, die Hinterflügel tragen einen orangefarbenen Rand. Die Spitzen der Vorderflügel sind schwarz-weiß gefleckt.

Größe: Die Flügel erreichen eine Spannweite von bis zu 6 Zentimetern.

Nahrung: Der Admiral ernährt sich hauptsächlich von Flieder, faulenden Früchten und Efeublüten.

Raupe: Nach etwa einer Woche schlüpfen die einzeln lebenden Raupen. Ihre Grundfarbe ist sehr variabel, aber oft schwarz mit seitlichen gelben Punkten, die sich regelmäßig an den Körperseiten entlangziehen.

Futterpflanzen der Raupe: Brennnesseln

Name: Zitronenfalter (Tagfalter), *gehört zur Gruppe der „Weißlinge"*

Lebensraum: Dieser Schmetterling ist in unserer Heimat sehr verbreitet. Er ist in heimischen Gärten oft anzutreffen, besonders gerne hält er sich aber auch in Wäldern auf. Der Zitronenfalter wird bis zu einem Jahr alt und kann sogar überwintern!

Aussehen: Männchen und Weibchen sehen unterschiedlich aus! Das Männchen erkennt man an der leuchtend gelben Farbe, die Weibchen haben eher blasse, grünliche Flügel.

Größe: Die Flügel erreichen eine Spannweite von bis zu 5 Zentimetern.

Nahrung: Der Zitronenfalter ernährt sich von dem Nektar diverser Blüten.

Raupe: Nach ein bis zwei Wochen schlüpfen die vorwiegend einzeln lebenden Raupen. Sie sind unbehaart, grün und haben einen weißen Seitenstreifen.

Futterpflanzen der Raupe: Faulbaum- und Kreuzdornpflanzen

Lernwerkstatt „Vom Kokon zum Schnetterling" - Bestell-Nr. 10 657

KOHL VERLAG
Der Verlag mit dem Baum
www.kohlverlag.de

Name: Schwalbenschwanz (Tagfalter), *Gruppe der „Ritterfalter"*

Lebensraum: Dieser wunderschöne Falter lebt vorwiegend im Süden Mitteleuropas. Man findet ihn auf sonnigen, kargen Hügeln und Wiesen und immer wieder in heimischen Gärten.

Aussehen: Seine äußere Erscheinung ist gelb mit deutlichen schwarzen Mustern und einer blauen Binde an den Hinterflügeln. Die Hinterflügel haben eine dem Schwalbengefieder ähnelnde Verlängerung.

Größe: Die Flügel erreichen eine Spannweite von bis zu 8 Zentimetern.

Nahrung: Der Schwalbenschwanz ernährt sich hauptsächlich von dem Nektar verschiedener Blütenpflanzen.

Raupe: Eine Woche nach der Eiablage schlüpfen die Raupen. Ihr Aussehen wechselt während ihrer Entwicklung laufend. Sie sind anfangs dunkel mit einem hellen Fleck auf dem Rücken, später wechselt die Körperfarbe zu grün mit schwarzen Ringen und roten Punkten.

Futterpflanzen der Raupe: Möhre, Dill, Fenchel und Petersilie

Name: Kleiner Fuchs (Tagfalter), *gehört zur Gruppe der „Edelfalter"*

Lebensraum: Dieser Schmetterling ist weitverbreitet in unserer Heimat. Man findet ihn praktisch überall von der Ebene bis ins Hochgebirge. Er überwintert die kalte Jahreszeit in Mauselöchern, Mauerspalten, Wohnungen und Dachböden.

Aussehen: Man erkennt den Kleinen Fuchs an seinen rostbraunen Flügeln mit ganz typischen schwarz-gelben Mustern und den blauen Punkten entlang der Flügelunterseiten. Die Flügelunterseite ist schwarz.

Größe: Die Flügel erreichen eine Spannweite von bis zu 5 Zentimetern.

Nahrung: Der Kleine Fuchs ernährt sich von dem Nektar verschiedener Blüten.

Raupe: Nach etwa einer Woche schlüpfen die dunkel bis schwarz farbigen Raupen. Sie erkennt man daran, dass sie meistens 2 gelbliche Längsstreifen am Körper haben.

Futterpflanzen der Raupe: Brennnesseln

Name: Distelfalter (Tagfalter), *gehört zur Gruppe der „Edelfalter"*

Lebensraum: Der Distelfalter kommt fast überall auf unserer Welt vor. Er gehört zu der Gruppe der „Wanderfalter" und ist stetig auf Reisen. Deswegen schwankt seine Häufigkeit in unserer Heimat sehr stark. Er bevorzugt offenes Gelände.

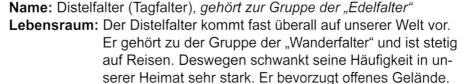

Aussehen: Seine Flügel sind rotbraun mit schwarzen Flecken, an den vorderen Flügelspitzen kommen weiße Flecken hinzu. Seine Hinterflügel sind ähnlich farbenfroh mit 5 augenförmigen Kreisen.

Größe: Die Flügel erreichen eine Spannweite von 4 bis 6 Zentimetern.

Nahrung: Der Distelfalter ernährt sich von Rot-Klee, Disteln, u.a. Kräutern.

Raupe: Nach ein bis zwei Wochen schlüpfen die einzeln lebenden Raupen. Ihre Körperfarbe ist schwarz mit hellen Streifen entlang der Seite. Der Körper ist mit distelartigen Borsten überzogen.

Futterpflanzen der Raupe: überwiegend Brennnesseln und Distelarten

Lernwerkstatt „Vom Kokon zum Schnetterling" - Bestell-Nr. 10 657

KOHL VERLAG
www.kohlverlag.de

PA

<u>Aufgabe 1</u>: *Klebt die beiden Arbeitsblätter auf einen Karton und schneidet die Memorykarten sorgfältig aus. So entsteht ein Tiermemory. Wer die meisten Paare am Ende hat, der gewinnt. Viel Spaß beim Spielen!*

Lernwerkstatt „Vom Kokon zum Schnetterling" - Bestell-Nr. 10 657

KOHL VERLAG
www.kohlverlag.de

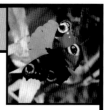

Name: Tagpfauenauge

Gattung: Tagfalter, Edelfalter

Lebensraum: Häufigkeit besonders in blütenreicher, ländlicher Umgebung. Sehr verbreitet.

Aussehen: Grundfarbe rotbraun, unverwechselbare blau, schwarz und gelb gefärbte Augenflecke, die Flügelunterseite ist schwarz.

Nahrung: Blütennektar, Disteln

Name: Kleiner Fuchs

Gattung: Tagfalter, Edelfalter

Lebensraum: Sehr verbreiteter Falter, der von der Ebene bis ins Hochgebirge lebt. Er überwintert!

Aussehen: Erkennbar an den rostbraunen Flügeln mit schwarz-gelben Mustern und blauen Punkten. Flügelunterseite ist schwarz.

Nahrung: Blütennektar

Raupenart: Zitronenfalter

Entwicklung: 1 bis 2 Wochen nach der Eiablage schlüpfen die einzeln lebenden Raupen.

Nahrung: Sie ernähren sich von Faulbaum- und Kreuzdornpflanzen.

Aussehen: Die Raupen sind unbehaart, grün und haben einen weißen Seitenstreifen.

Name: Admiral

Gattung: Tagfalter, Edelfalter

Lebensraum: Häufigkeit besonders in blütenreicher Umgebung. Der Admiral ist ein Wanderfalter.

Aussehen: Grundfarbe samtschwarz, orangerote Abgrenzung der Vorderflügel. Spitzen der Vorderflügel schwarz-weiß gefleckt.

Nahrung: Flieder, Früchte, Efeu

Name: Distelfalter

Gattung: Tagfalter, Edelfalter

Lebensraum: Auf der ganzen Welt verbreiteter „Wanderfalter". Er ist stetig auf Reisen.

Aussehen: Flügel sind rotbraun mit schwarzen Flecken, an den Flügelspitzen kommen weiße Flecken hinzu. Hinterflügel farbig.

Nahrung: Klee, Disteln, Kräuter

Raupenart: Schwalbenschwanz

Entwicklung: 1 bis 2 Wochen nach der Eiablage schlüpfen die einzeln lebenden Raupen.

Nahrung: Sie ernähren sich von den Blättern der Möhre, von Dill, Fenchel und Petersilie.

Aussehen: Anfangs sind sie dunkel, später grün mit schwarzen Ringen und roten Punkten.

Name: Zitronenfalter

Gattung: Tagfalter, Weißling

Lebensraum: Verbreiteter Falter, oft in heimischen Gärten und in Wäldern zu finden. Er überwintert!

Aussehen: Das Männchen hat eine leuchtend gelbe Farbe, das Weibchen eher blasse, grünliche Flügel.

Nahrung: Faulbaum, Kreuzdorn

Raupenart: Tagpfauenauge

Entwicklung: Eine Woche nach der Eiablage schlüpfen die gern gesellig lebenden Raupen.

Nahrung: Sie ernähren sich von Brennnesseln, Hopfen und seltener von Beerensträuchern.

Aussehen: Sie sind schwarz mit gleichmäßig verstreuten silbrigen Punkten und dornigen Borsten.

Raupenart: Kleiner Fuchs

Entwicklung: Eine Woche nach der Eiablage schlüpfen die einzeln lebenden Raupen.

Nahrung: Sie ernähren sich von Brennnesseln.

Aussehen: Die Raupen sind dunkel bis schwarz und haben meistens 2 gelbliche Längsstreifen entlang des Körpers.

Name: Schwalbenschwanz

Gattung: Tagfalter, Ritterfalter

Lebensraum: vorwiegend der Süden (Mittel-)Europas. Lebt auf sonnigen Hügeln und in Gärten.

Aussehen: Die Grundfarbe ist gelb mit schwarzen Mustern und blauer Binde am Hinterflügel. Schwalbenähnliche Verlängerung.

Nahrung: Blütennektar

Raupenart: Admiral

Entwicklung: Eine Woche nach der Eiablage schlüpfen die einzeln lebenden Raupen.

Nahrung: Sie ernähren sich von Brennnesseln.

Aussehen: Die Raupen sind im Aussehen sehr variabel, aber oft schwarz mit seitlich entlanglaufenden gelben Punkten.

Raupenart: Distelfalter

Entwicklung: 1 bis 2 Wochen nach der Eiablage schlüpfen die einzeln lebenden Raupen.

Nahrung: Sie ernähren sich von Brennnesseln und diversen Distelarten.

Aussehen: Die Raupen sind schwarz mit hellen Längsstreifen und distelartigen Borsten.

Lernwerkstatt „Vom Kokon zum Schmetterling" - Bestell-Nr. 10 657

KOHL VERLAG　www.kohlverlag.de

IX.   Die kleine Raupenzucht

Jeder kann sich selbst Raupen zu Schmetterlingen züchten. Dazu musst du folgendes beachten:

1.) Dein Raupennest

Organisiere ein geeignetes „Raupennest" für deine Raupe. Dazu kannst du ein sehr großes Glas nehmen, den Boden des Glases mit Sand befüllen und ein leeres Glasfläschchen dort eingraben. Fülle das Glas mit frischem Wasser für die Nahrungspflanzen deiner Raupe. Decke das Glasfläschchen ab, so dass keine Raupe hineinfallen kann. Als Deckel für das große Glas nimmst du am besten ein Stück grobmaschigen Vorhangstoff, der luft- und lichtdurchlässig ist.

2.) Deine Raupe

Beim Raupensammeln musst du sehr sorgfältig vorgehen. Du darfst nur bestimmte Raupen sammeln, da du sonst sehr seltenen Arten schaden könntest. Deshalb ist es wichtig, dass du nur Raupen sammelst, die auf Brennnesseln sitzen. Am besten suchst du in großen Brennnesselfeldern. Dort findest du Raupen z.B. vom Distelfalter, Admiral, Tagpfauenauge oder Kleinem Fuchs.

3.) Das Raupenfutter

Sammle immer frische Brennnesseln, die du in das mit frischem Wasser gefüllte Glasfläschchen stellst. Wechsle täglich das Futter, damit es immer frisch bleibt.

4.) Sauberkeit

Du solltest täglich den Kot aus dem Behälter entfernen und gegebenenfalls frischen Sand hinzufüllen.

5.) Standort

Stelle das Raupenglas nie in die Sonne und achte auf Schatten und Licht!

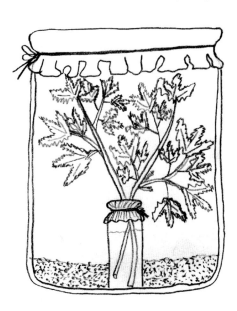

6.) Verpuppung

Achte auf die Möglichkeit, dass sich die Puppen an Blättern oder der Abdeckung des Glases festmachen könnten.

7.) Schlüpfen

Versuche dem frisch geschlüpften Schmetterling eine raue Fläche zu bieten, an der er hinaufklettern kann, um seine Flügel auszubreiten.
Entlasse den fertigen Schmetterling sofort in die Freiheit! Nur so kannst du bald schon wieder den wunderschönen Nachwuchs bewundern!

Lernwerkstatt „Vom Kokon zum Schmetterling" - Bestell-Nr. 10 657

KOHL VERLAG
Der Verlag mit dem Baum
www.kohlverlag.de

Lebensraum für die Schmetterlinge -
Unser Schmetterlingsgarten

Wenn wir den Schmetterlingen einen schönen Garten bieten wollen, sollten wir vor allem auf die Nahrungsquellen achten. Ein sehr aufgeräumter und ordentlicher Garten lockt nur wenige Schmetterlinge an. Unsere heimischen Tagfalter ernähren sich überwiegend von dem Nektar verschiedener Blüten. Die Raupen dieser Falter fressen aber oft ganz andere Pflanzen. Deshalb ist es wichtig, im Garten eine möglichst große Auswahl an Pflanzen zu bieten. Ein Garten ohne Brennnesseln sieht toll aus. Aber was wir als Unkraut ansehen und viele von uns aus den Beeten entfernen, das ist leider häufig genau die Nahrungsquelle, auf die viele Raupenarten angewiesen sind. Deshalb sollte ein Bereich, in dem Brennnes-seln wachsen, nicht fehlen. Natürlich muss nicht der ganze Garten „verwildern", ein Teil des Bereiches reicht schon aus. Wichtig sind heimische Wildblumen und ein duftendes Kräuter-beet, das unsere Schmetterlingsfalter anlockt. Auch eine Hecke mit Wildsträuchern ist ein toller Sammelplatz für Falter. Auf exotische Pflanzen sollte man allerdings eher verzichten. Sehr hilfreich ist es, wenn von Frühjahr bis in den Herbst hinein immer wieder etwas neues blüht. Ganz wichtig ist, auf den Einsatz von Gift zu verzichten! Die Schmetterlingsraupen könnten das Gift ebenfalls aufnehmen und sterben. Außerdem würden dem sicherlich auch viele ausgewachsene Falter zum Opfer fallen.
Die Schmetterlingsraupen brauchen stetig genügend Nahrung. Man sollte stets dafür sor-gen, dass das Nahrungsangebot nicht ausgeht. Raupen sind dabei durchaus wählerisch und fressen nur bestimmte Blätter. Brennnesseln z.B. stehen bei den Raupen der Schmet-terlingsarten Tagpfauenauge, Distelfalter, Kleiner Fuchs, Admiral und Landkärtchen auf dem Speiseplan. Auch Disteln oder die Blätter von Petersilie, Brombeere, Johannisbeere, der Wilden Möhre und des Faulbaums sind beliebt. Ebenso Blätter von Bäumen und Sträu-chern. Vor allem Obstbäume sind wichtig, dienen sie doch als Rastplatz, Schutz vor Regen, Wind und Kälte.
Natürlich musst du jetzt nicht euren ganzen Garten sofort umgestalten und neu bepflanzen. Ein paar Brennnesseln und einige Blumenarten sind schon ein toller Anfang. Sicherlich reicht das schon aus, um den einen oder anderen Falter und später die Raupen in deinen Garten zu locken.

Aufgabe 1: *Erstelle eine Speisekarte für Raupen und Schmetterlinge!*
EA   *Du kannst aus dem Infotext Informationen sammeln oder*
                     auch Tierlexika oder das Internet zur Hilfe nehmen.

Speiseplan für Raupen und Schmetterlinge

Raupen fressen: Schmetterlinge fressen:

Bestell-Nr. 10 657

Lernwerkstatt
„Vom Kokon zum Schmetterling"
www.kohlverlag.de

KOHL VERLAG

Überwinternde Schmetterlinge

Man kann es kaum glauben, aber es gibt tatsächlich überwinternde Schmetterlinge in unserer Heimat! Manche Arten suchen sich mit Einsetzen der kalten Jahreszeit bei uns warme und geborgene Plätzchen, damit sie nicht erfrieren. Besonders beliebt sind Falten, Ritzen im Gemäuer oder Fugen. Auch lockere Ziegel in Dachstühlen, oder Kellerräume, Garagen, Scheunen, Vorrats- und Abstellkammern sind ein beliebter Aufenthaltsort. Schmetterlinge sind wechselwarme Tiere, das bedeutet, sie passen ihre Körpertemperatur immer der äußeren Umgebung an. Deshalb fallen sie im Winter in die Winterstarre. Das heißt, sie sitzen still da und verbrauchen so wenig Energie wie möglich. Denn Nahrung würden sie im Winter wohl kaum finden, da nichts blüht.

Aber nicht nur erwachsene Schmetterlingsfalter überwintern bei uns. Auch die Eier, Raupen oder Puppen können überwintern! Zitronenfalter sind dagegen ganz besondere Überwinterer. Sie sitzen draußen an Bäumen und erstarren dort. Sie sind gegen Kälte unempfindlich, da ihr Körper ein Glycerin (eine Art natürliches Frostschutzmittel) enthält. Dieser Stoff bildet das Wasser im Körper stark zurück. Dadurch kann es nicht gefrieren und die Zitronenfalter nehmen keinen Schaden. So sollen sie schon extreme Minustemperaturen bis zu -20°C überstanden haben!

Aufgabe 1: *Diese Aufgabe ist ein gutes Training zum sinnerfassenden Lesen! Lies den Text zu den überwinternden Schmetterlingen sorgfältig durch. Kreuze anschließend nur die richtigen Aussagen an, ohne nochmals im Text nachzuschauen!*

EA

⊠ richtig

a) ☐ Bei uns überwintern tatsächlich Findellinge.

b) ☐ Manche Arten suchen sich geborgene und warme Plätzchen, um dort zu überwintern.

c) ☐ Sie suchen sich diese Plätzchen als Schutz vor der Hitze.

d) ☐ Besonders beliebt sind u.a. Erdlöcher und Schornsteine.

e) ☐ Sie halten sich gerne in Kellern und Dachstühlen auf.

f) ☐ Schmetterlinge sind wechselwarme Tiere.

g) ☐ Manche Schmetterlinge halten Winterstarre.

h) ☐ Sie brauchen während der Winterstarre sehr viel Energie.

i) ☐ Bei uns überwintern auch die Eier und die Raupen.

j) ☐ Der Zitronenfalter bildet Glycerin zum Überwintern.

Lernwerkstatt „Vom Kokon zum Schnetterling" - Bestell-Nr. 10 657
KOHL VERLAG
www.kohlverlag.de

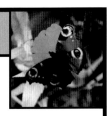

Wanderfalter

Definition: Wanderfalter nennt man Schmetterlingsarten, die als Falter den Winter in wärmeren Gebieten verbringen. Da Schmetterlinge zu den wechselwarmen Tieren gehören, würden sie die kalten Wintertemperaturen in unserer Heimat nicht überleben. Sie kommen im Frühjahr zurück (die meisten in 2. Generation!), um hier ihren Nachwuchs groß werden zu lassen.

GA

Aufgabe 2:   *Forscht nach, welche anderen Wanderfalter es noch gibt und in welchen Regionen sie jeweils hin- und herwandern! Schreibt eure Ergebnisse in eure Hefte!*

EA

Aufgabe 3:   *Lies den folgenden Text aufmerksam durch. Notiere Stichpunkte zu allem, was du über den Admiral erfährst!*

Hallo Kinder,

ich bin Adi, ein Admiral aus der Familie der Edelfalter. Viele Menschen sagen, ich sei ein sehr hübscher Schmetterling. Meine Flügel haben eine Spannweite von bis zu 6 Zentimetern. Ich wohne in Gärten bzw. Obstgärten und trinke gerne den Saft von verschiedenen Blüten. Meine Kinder spielen in den Brennnesseln. Sie fressen am allerliebsten den ganzen Tag. Mein größtes Hobby ist das Wandern. Ich bin nämlich extrem reiselustig und begebe mich im Herbst in den Süden, wo ich den Winter verbringe. Erst im Frühjahr komme ich wieder zurück. Vielleicht habt ihr mich ja schon einmal gesehen! Bis zum Sommer. Tschüss!

- _____   - _____
- _____   - _____
- _____   - _____
- _____   - _____

EA

Aufgabe 4:   *Schreibe mit Hilfe eines Tierlexikons, den Informationen aus dem Schmetterlings-Memory oder dem Internet einen Steckbrief für den Distelfalter. Berichte auch von seinen Abenteuern während der Reise in den warmen Süden. Schreibe ins Heft!*

Lernwerkstatt „Vom Kokon zum Schnetterling" – Bestell-Nr. 10 657
www.kohlverlag.de
KOHL VERLAG

Papierschmetterlinge

1.) Nimm ein quadratisches Blatt Papier. Falte es diagonal, so dass ein Dreieck entsteht. Klappe dieses Dreieck auf und falte das Papier in die andere Richtung, so dass ebenfalls ein Dreieck entsteht. Klappe auch dieses Dreieck auf.

2.) Falte das quadratische Papier, so dass ein Rechteck entsteht. Achtung: Falte in die entgegengesetzte Faltrichtung (siehe Bild). Klappe das Papier anschließend wieder auf.

3.) Falte das Quadrat nun zu einem Dreieck, indem du die zuletzt gefalteten Kanten in die Mitte drückst und das Papier flach zu einem Dreieck drückst. Du hast also an jeder Außenseite ein Dreieck und in der Mitte zwei hineingefaltete „Ohren" (siehe Bild).

4.) Klappe die Spitze deines gefalteten Dreiecks um.

5.) Klebe diese Spitze fest.

6.) Ziehe nun das zusammengefaltete Dreieck wieder auseinander. Nun hast du deine Schmetterlingsflügel.

7.) Schneide aus einem andersfarbigen Stück Papier den Schmetterlingskörper aus und klebe ihn auf die Flügel.

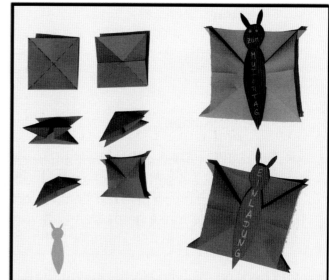

Tipp: Du kannst die Schmetterlinge in vielen bunten Farben basteln oder selbst bemalen. Sie können als Grußkarten, Einladungskarten, Geschenkeschmuck, Zimmer- oder Fensterdekoration oder sogar als „Mobile" verwendet werden.

Gehäkelte Schmetterlinge

Wer schon ein bisschen häkeln kann, hat hier die Gelegenheit, nützliche Dinge herzustellen. So kann man aus zwei einfach zusammengehäkelten Schmetterlingshälften und einem Holzstift eine dekorative Haarspange machen oder aus zwei Schmetterlingen Duftsäckchen oder kleine Kissen nähen. Du musst nach folgendem Häkelmuster vorgehen (siehe nächstes Arbeitsblatt):

Lernwerkstatt „Vom Kokon zum Schnetterling" - Bestell-Nr. 10 657
KOHL VERLAG
Der Verlag mit dem Baum
www.kohlverlag.de

X = Feste Masche

O = Luftmasche

→ Häkelrichtung

Ende　　　　Anfang

Diese eine Schmetterlingshälfte brauchst du zweimal, um sie zusammenzuhäkeln. Sehr gut geeignet ist dazu dickeres Baumwollgarn.

Tipp: Aus Stoffresten lassen sich auch einfache Patchwork-Schmetterlinge nähen (siehe Bild). Auch Seidenmalerei mit Schmetterlingsmotiven wirkt sehr erfrischend und farbenfroh. Aber woher kommt eigentlich die Seide?

Seidenherstellung

Im alten China wurde vor 3000 Jahren der Seidenfaden entdeckt. Ihn gibt es auch in der Natur, und zwar vom Maulbeerspinner. Dieser Faden besteht aus dem „Seidenfaden", den dieser Falter beim Verpuppen aus seinen Spinndrüsen drückt. Auch wenn die weitere Herstellung schrecklich für uns klingen mag, ist sie doch die einzige Möglichkeit auf „echte" (in der Natur entstandene) Seide. Im Frühling schlüpfen die kleinen Seidenraupen, die sich verpuppen, sobald sie eine Größe von ca. 8 cm erreicht haben. Diese Kokons sammelt man ein und erhitzt sie mit heißer Luft. Dabei sterben die verpuppten Raupen. Anschließend wird der Seidenfaden in heißem Wasser vom Kokon abgewickelt und mehrmals ausgewaschen. Aus mehreren dieser Fäden entsteht ein fertiger Seidenfaden. Natürlich lässt man auch immer genügend Falter schlüpfen, um wieder neuen Nachwuchs zu bekommen.

Lernwerkstatt „Vom Kokon zum Schnetterling" - Bestell-Nr. 10 657

KOHL VERLAG
www.kohlverlag.de

XIII.   Die „Ideen-Ecke"

Aufgabe 1:   *Schmetterlingspuzzle*

Erstellt eine Zeichnung von einem Schmetterling. Malt sie bunt aus und zerschneidet sie anschließend in unterschiedliche Teile. Dein Partner soll nun den Schmetterling zusammenpuzzeln. Wer zuerst fertig ist, gewinnt!

Aufgabe 2:   Geht zu zweit im Sommer auf die Suche nach Schmetterlingen. Wenn ihr mit offenen Augen durch die Natur geht, begegnet ihr bestimmt einem. Erstellt einen Beobachtungsbogen mit folgenden Punkten: Aussehen; Größe; Saß auf folgender Pflanze; Verhalten des Falters; Uhrzeit; Fundort; Art des Schmetterlings (wenn ihr es wisst).

Aufgabe 3:   Versuche selbst eine Geschichte über einen Schmetterling zu schreiben. Vielleicht kennst du ja auch die bekannte Kinderge-schichte „Die kleine Raupe Nimmersatt" von Eric Carle. Diese Geschichte kann dir bestimmt eine gute Vorlage sein. Vielleicht kannst du auch in Zusammenarbeit mit deinen Mitschülern in Gruppenarbeit ein Bilderbuch erstellen!

Aufgabe 4:   Verfasse ein Schmetterlingsgedicht!

Aufgabe 5:   Erstelle in deinem Heft eine wie unten abgebildete Tabelle. Fülle sie mit Hilfe der Informationen aus dem Kapitel VII („Verschiedene Schmetterlinge") aus. Schreibe Schmetterlingssteckbriefe!

Name	Kleiner Fuchs	Zitronenfalter	Admiral	Schwalben-schwanz
Lebensraum				
Aussehen				
Größe				
Nahrung				

Lernwerkstatt „Vom Kokon zum Schmetterling" - Bestell-Nr. 10 657

KOHL VERLAG   Der Verlag mit dem Baum   www.kohlverlag.de

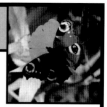

Aufgabe 1: *Du hast nun alle 10 Kapitel durchgearbeitet. Der Wissenstest zeigt dir, ob du das Gelernte auch gespeichert hast! Nun kannst du sehen, ob du ein „Schmetterlings-Experte" bist! Beantworte folgende Fragen. Schreibe die Antworten in dein Heft!*

EA

1.) Zu welcher Gattung gehört der Schmetterling?

2.) Wie viele verschiedene Schmetterlingsarten gibt es in unserer Heimat?

3.) Wie heißt der Fachbegriff für die Verwandlung der Schmetterling?

4.) Welche vier verschiedenen Entwicklungsabschnitte durchläuft ein Schmetterling?

5.) Der Schmetterling gilt als Symbol der _____ und _____ .

6.) Mit welchen Hilfsmitteln finden Schmetterlinge einen Partner?

7.) Welche Feinde hat die Raupe?

8.) Was geschieht mit der Haut der Raupe, wenn diese viel frisst und schnell wächst?

9.) Nenne die drei Puppenarten. _____

10.) Die Puppenhaut nennt man _____ .

11.) Was passiert in der Puppe?

12.) Wie sieht der Falter aus, wenn er frisch aus dem Kokon geschlüpft ist?

13.) Schmetterlinge ernähren sich überwiegend von _____ .

14.) Der Körper ist dreigeteilt in _____ , _____ und _____ .

15.) Was ist ein Wanderfalter?

16.) Welche Schmetterlingsarten kennst du? Zähle mindestens 3 verschiedene Arten auf!

Lernwerkstatt „Vom Kokon zum Schnetterling" - Bestell-Nr. 10 657

KOHL VERLAG www.kohlverlag.de

XV.   Die Lösungen

Lernschritt 1:

1.) Insekten haben grundsätzlich Flügel (Ausnahme: Floh), sechs Beine und einen dreigliedrigen Körper.

2.) a) ca. 4000 Stück
b) Weil ihre meist bunten Flügel aus unzähligen winzigen Schuppen bestehen, die dachziegelförmig angeordnet sind und dadurch wunderschöne Muster entstehen lassen.
c) Schmetterlinge können ausgesprochen gut Farben erkennen und Düfte wahrnehmen. Beides ist sehr wichtig für eine erfolgreiche Nahrungssuche.

3.) Das deutsche mittelalterliche Wort „schmettern" bezeichnet offen stehenden Milchrahm, von dem Schmetterlinge sehr gerne naschten. Die gleiche Bedeutung trifft auf das englische Wort „butter (fly)" zu!

4.) (von links nach rechts gelesen) **Anzahl:** ca. 190 Arten, ca. 3800 Arten;
Aktivität: am Tag, in der Nacht; **Flügelhaltung in Ruhestellung:** klappen die Flügel nach oben hin zusammen, ziehen Flügel nach hinten seitlich an und drücken sie flach an den Körper; **Fühler:** dünne, glatte, fadenartige Fühler, die am Ende verdickt sind; haben meist gefiederte, kammartige oder buschige Fühler

6.) • Facettenaugen zur Unterscheidung von Farben
• Gehörorgane zur Wahrnehmung von Ultraschall
• ausgezeichnete Wahrnehmung von Gerüchen

Lernschritt 2:

1.) a) vier, Entwicklungsabschnitte, Verwandlung
b) Verpuppen, Blatt, Kokon, Schmetterling
c) Eier   **d)** Blätter, Körpergewichtes, häutet, vier, Wochen
e) Ei, Raupe, Nahrung   **f)** Falter   **g)** Ei   **h)** Raupe   **i)** Puppe

3.) a) 1 bis 3 Wochen; **b)** 4 bis 6 Wochen; **c)** 1 bis 4 Wochen; **d)** 2 bis 3 Wochen;
e) 8 bis 16 Wochen

4.) Siehe Informationstext!

Lernschritt 3:

1.) Es helfen ihnen ihre sehr gut entwickelten Sicht- und Riechorgane. Die Weibchen strömen Duftstoffe aus, die die Männchen auf sie aufmerksam machen sollen und noch weit zu riechen sind. Manche Arten belegen auch Aussichtsplätze und lauern den Partnerinnen auf. Die Schmetterlinge erkennen die Vertreter ihrer eigenen Art an den artentypischen Flugbewegungen und an ihren individuellen Lockduftstoffen.

2.) Der Balzflug ist das Flirtverhalten der Schmetterlingsmännchen, die auf diese Art um die Weibchen werben.

3.) richtige Aussagen: b), d), e), g), i)

Lernschritt 4:

1.) Name: Schmetterlingsraupe; **Größe:** von 8mm bis ca 6 cm;
Körper/Aussehen: Der Körper ist dreigeteilt in Kopf, Brust und Hinterleib. Es gibt 13 verschiedene Segmente. Sie hat unscheinbare Augen, zwei kräftige Kiefer und sehr unterschiedliche Tarnmuster (je nach Art); **Beine:** Brust: 3 Beinpaare; 4 Bauchbeinpaare; 1 Paar am Körperende (Nachschieber genannt); **Feinde:** Käfer, Wespen, Spinnen, Vögel; **Nahrung:** Brennnesseln, Kräuter, Gräser, Gartenpflanzen;
Lebenszeit: normalerweise zwischen 4 und 8 Wochen

2.) Sie versuchen sich vor ihren Feinden zu schützen, indem sie verschiedene Tarnmuster auf der Haut haben, die ihrer Umwelt gleichen. Manche haben auch Muster auf ihrer Haut, die großen Augen gleichen und Vögel abschrecken sollen.

4.) a) Schädlinge; **b)** Unkraut; **c)** Haut; **d)** Häutung; **e)** fressen; **f)** Vogel; **g)** tausend-;
h) Zentimetern; **i)** Herbst

Lernwerkstatt „Vom Kokon zum Schnetterling" - Bestell-Nr. 10 657
KOHL VERLAG
Der Verlag mit dem Baum
www.kohlverlag.de

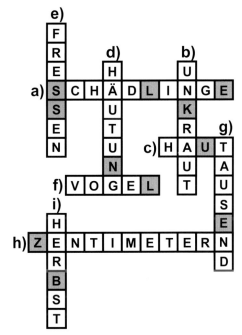

Lösungswort: L E B E N S Z Y K L U S

Lernschritt 5: **1.)** **a)** Sie frisst nichts mehr und läuft unruhig hin und her. Sie sucht sich eine gute sichere Stelle, um sich zu verpuppen.
b) An Zweigen, Ästen, Stängeln, Blättern, Laub, Moos oder in loser Erde.

3.) **zusammengehörende Paare:** 1 - C; 2 - D; 3 - A; 4 - B

Lernschritt 6: **1.)** **in der Reihenfolge:** Kokon, Körper, feucht, faltig, unsicher, Flügelpaare, Blut, Luft, hart, Schmetterling, Flug

2.) Schmetterlinge haben kein Herz. Ihr Blut zirkuliert in einem offenen Blut-Kreislauf-System.

3.) **a)** Ein Schmetterling, der wie ein Zugvogel im Winter in den Süden fliegt, um dort zu überwintern.
b) Die Spanne reicht von wenigen Tagen bis zu einigen Monaten.
c) Er sucht sich einen geschützten, warmen Ort und fällt dort in Winterstarre.
d) Die Fortpflanzung.

4.) **a)** Beine; **b)** Facettenaugen; **c)** Fühler; **d)** Vorderflügel; **e)** Hinterflügel;
f) Hinterleib; **g)** Brust; **h)** Kopf

5.) **zusammengehörende Paare:** riechen - Fühler; schmecken - Füße;
farblich sehen - Facettenaugen

Lernschritt 11: **1.)** **richtige Aussagen:** b); e); f); g); i); j)

2.) Weitere Wanderfalter: Monarch (pendelt zwischen Mexiko und Nordamerika)
Distelfalter/Admiral (pendeln zwischen Süd- und Mitteleuropa)
Postillion (pendelt zwischen Nordafrika, Süd-/Mitteleuropa)

3.) gehört zur Familie der Edelfalter, hat eine Flügelspannweite von 6 cm, lebt gern in (Obst-)gärten, Nachwuchs ernährt sich von Brennnesseln, Nachwuchs frisst ununterbrochen, Admirale sind reiselustig, sie fliegen im Winter in den Süden, sie kommen im Frühjahr zu uns zurück (die nächste Generation)

Lernschritt 14: **1.)** **1.)** zu den Insekten; **2.)** ca. 4000 verschiedene Tag- und Nachtfalter;
3.) Metamorphose; **4.)** Ei - Raupe - Puppe - Falter; **5.)** Wiedergeburt, Unsterblich-keit; **6.)** mit Lockstoffen und durch den Balzflug; **7.)** Käfer, Wespen, Vögel, Spinnen;
8.) Sie platzt auf und wird abgestreift. Die Raupe „häutet" sich. **9.)** Gürtelpuppe, Stützpuppe, Mumienpuppe; **10.)** Kokon; **11.)** Die Raupe entwickelt sich zum Falter, Organe werden umgebildet. **12.)** Seine Flügel sind feucht und faltig. **13.)** Nektar;
14.) Kopf, Brust, Hinterleib; **15.)** Ein Falter, der die kalte Jahreszeit in wärmeren Regionen verbringt. **16.)** z.B. Zitronenfalter, Admiral, Schwalbenschwanz, ...

Lernwerkstatt „Vom Kokon zum Schnetterling" - Bestell-Nr. 10 657

KOHL VERLAG
Der Verlag mit dem Baum
www.kohlverlag.de

Wolfgang Wertenbroch

Liebe Kolleginnen und Kollegen,

Sie wissen es, Lesen dient der Sinnentnahme aus schriftsprachlichen Medien, aus Zeitungen, Zeitschriften oder Schulbüchern. Meist bleibt es bei der Sinnentnahme, weil auch nicht mehr gefordert ist. Das ist bei den Werkstätten dieser Serie anders. Wer den Sinn verstanden hat, setzt das Gelesene in Verhalten um. Und genau darin liegt eine Stärke dieser Werkstätten – Lesen mit Konsequenzen:

Lesen ➜ Verstehen ➜ Aufgaben bearbeiten ➜ begreifen.

Eine weitere Stärke der Werkstätten besteht darin, dass **integrierte Lerntipps** das Lernen fördern. Und Bastelaufgaben fördern das Be - greifen. Bitte achten Sie auf die aktuellen Neuerscheinungen (**NEU!!**)!

Lernwerkstätten für den Sachunterricht

Bestseller!

Jede **Lernwerkstatt beinhaltet viele interessante Themen** für den Heimat- und Sachunterricht. Die Themenhefte eignen sich zum **Einsatz im 3. und 4. Schuljahr** und enthalten **informative Texte** zu den jeweiligen Themen, die mit **abwechslungsreichen Arbeitsblättern** kombiniert werden, um den gelesenen **Stoff systematisch zu bearbeiten** und dadurch besser **einzuprägen**. Die Gestaltung der Hefte lädt geradezu ein zum **selbstständigen Arbeiten** oder zur **Freiarbeit**. Die **Lösungen** ermöglichen die Selbstkontrolle und erleichtern somit das eigenständige Lernen!

Jedes Heft ist in **einzelne Kapitel mit unterschiedlichen Themenbereichen** aufgeteilt, die alle aus einem **ausführlichen Informationstext** und verschiedenen Arbeitsblättern bestehen. <u>Weitere Informationen und Leseproben</u> finden Sie auf unserer Homepage unter www.kohlverlag.de!

„Unsere Jahreszeiten"

Aus dem Inhalt: *Die 4 Jahreszeiten; Die zwölf Monate; Mein Geburtstagskalender; Der Frühling, Osterzeit; Sommerzeit; Ein Sommertag; Sonnenschein; Herbstzeit; Vogelflug im September; Wintervorräte sammeln; Die Wintermonate; Eine Wintergeschichte; Helau & Alaaf im Februar.*

26 Kopiervorlagen   **Nr. 10 520   12,- €**

„Bäume"

Aus dem Inhalt: *Der Aufbau eines Baumes; Die Wurzeln; Die Blätter; Nadelbäume; Baumfrüchte; Wie der Wald uns Menschen hilft; Obstbäume; Rund um den Baum; Verschiedene Baumarten, Baum-Mandalas*

28 Kopiervorlagen   **Nr. 10 521   12,-**

„Blumen im Freien"

Aus dem Inhalt: *Rund um die Pflanze; Die Fotosynthese; Die Frühblüher; Blumen im Sommer; Blumen im Herbst; Blumen im Winter; Wiese; Wasser; Wald; Garten; Ein Blumensteckbrief; Blumenmemory; Bastel- und Gedichteecke; Abschlusstest*

36 Kopiervorlagen   **Nr. 10 660   13,- €**

„Der Wald"

Aus dem Inhalt: *Vögel im Wald; Nahrungsketten; Jagd; Mensch und Wald; Zerstörung des Waldes; Wovon lebt der Wald?; Was kann der Wald?; Der Wald transpiriert; Der Waldboden; Wie der Wald das Wetter beeinflusst und die Luft reinigt; Rote Waldameisen; Lerntipps u.v.m.*

40 Kopiervorlagen   **Nr. 10 665   13,-**

„Das Wetter"

Aus dem Inhalt: *Wetter - was ist das?; Wetterzutat Nr. 1: die Luft; Zutat Nr. 2: die Sonne; Zutat Nr. 3: der Wind; Zutat Nr. 4: das Wasser; Die Wolken; Verschiedene Wetterphänomene; Wie ein Wetterbericht entsteht; Alte Bauernregeln; Der Treibhauseffekt; Klimawandel; Ozonloch*

36 Kopiervorlagen   **Nr. 10 661   13,- €**

„Heimische Bäume"   **NEU!!**

Aus dem Inhalt: ** Wie Bäume von innen aussehen; Borke - Bast und Wachstumsschicht; Die Säfte steigen: Von der Wurzelspitze zur Blattspitze; Mit (fast) allen Sinnen: Bäume sehen und fühlen; Kunst am Baum: Wachsmalkompositionen; An den Blättern sollt ihr sie erkennen*

40 Kopiervorlagen   **Nr. 10 817   13,-**

„Tiere im Winter"

Aus dem Inhalt: *Der Winterschläfer; Der Winterruher; Das winteraktive Tier; Die Winterstarre; Zugvögel; Standvögel; Vogelfütterung im Winter; Tierspuren im Schnee; Weitere Tiere im Winter; Tiermemory; Der Feldhase im Winter*

28 Kopiervorlagen   **Nr. 10 653   12,- €**

„Igel"   **NEU!!**

Aus dem Inhalt: *Was ist ein Igel?; Das Stachelkleid des Igels; Wo ist der Igel zu Hause?; Wir über uns; Unser Speiseplan; Wer frisst wen?; Igelkinder; Mein Igel im Sommer (Bastelaufgabe); Märchenhaft, der Igel und die Gebrüder Grimm; Igel im Winter; Abschlusstest*

40 Kopiervorlagen   **Nr. 10 814   13,-**

Moritz Quast & Lynn-Sven Kohl

Lernwerkstatt
Vom Kokon
zum Schmetterling

Informationen / Kurztexte / Aufgaben
Sinnerfassendes Lesen / Mit Lösungen

Lernen mit Erfolg
KOHL VERLAG
Der Verlag mit dem Baum
www.kohlverlag.de

Möchten Sie mehr vom Kohl-Verlag kennen lernen? Dann nutzen Sie doch einfach unsere komfortable und informative Homepage! Dort erwarten Sie wertvolle Informationen rund um unser gesamtes Sortiment sowie aussagekräftige Leseproben zu jedem lieferbaren Produkt!

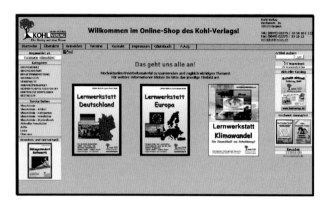

www.kohlverlag.de

**Lernwerkstatt
„Vom Kokon zum Schmetterling"**

3. Auflage 2007

© Kohl-Verlag, Kerpen 2005
Alle Rechte vorbehalten.

Text: Moritz Quast & Lynn-Sven Kohl
Grafik & Satz: Kohl-Verlag
Druck: farbo Druck, Köln

Bestell-Nr. 10 657

ISBN: 3-86632-657-2